AF460826

25 Juillet 1784.

ORDONNANCE

PROVISOIRE DU ROI,

Concernant la formation & la solde des Régimens de Hussards.

Du 25 Juillet 1784.

DE PAR LE ROI.

SA MAJESTÉ voulant que les dispositions qu'Elle a arrêtées, relativement à la formation & à la solde de ses Troupes à cheval, & qui feront partie du Code qu'Elle se propose de donner à ses Troupes, aient incessamment leur exécution, Elle a ordonné & ordonne ce qui suit :

HUSSARDS.

ARTICLE PREMIER.

Composition des régimens.

CHAQUE régiment de Hussards, sera composé de quatre escadrons.

2.

Escadrons ou compagnies. CHAQUE escadron sera formé d'une compagnie.

3.

Pied de paix & pied de guerre. SA MAJESTÉ distinguera, pour la composition de ses régimens de Hussards, un pied de paix & un pied de guerre.

4.

LE nombre des Officiers & des bas Officiers de tout grade, sera le même sur le pied de paix & sur le pied de guerre.

5.

Appointés. SA MAJESTÉ veut bien rétablir, en faveur des huit plus anciens Hussards de chaque compagnie, le grade d'Appointé, qu'ils ont eu précédemment, sous la dénomination de *Carabiniers;* & accorder le même grade au plus ancien Trompette de chaque régiment.

6.

Composition des escadrons ou compagnies. CHAQUE escadron ou compagnie sera composé, sur le pied de paix, d'un Capitaine-commandant, d'un Capitaine en second, d'un Lieutenant en premier; (cette dénomination devant être substituée à celle de premier Lieutenant) d'un Lieutenant en second, de deux Sous-lieutenans, d'un Maréchal-des-logis en chef, d'un Fourrier, de quatre Maréchaux-des-logis, de huit Brigadiers, de huit Appointés, de quatre-vingts Hussards, dont huit conservés à pied, & de deux Trompettes; au total de cent quatre bas Officiers, Hussards & Trompettes, commandés par six Officiers.

Création de trois Maréchaux-des-logis par compagnie.

7.

CHAQUE escadron ou compagnie sera composé, sur le pied de guerre, d'un Capitaine-commandant, d'un Capitaine en second, d'un Lieutenant en premier, d'un Lieutenant en second, de deux Sous-lieutenans, d'un

25 Juillet 1784.

Maréchal-des-logis en chef, d'un Fourrier, de quatre Maréchaux-des-logis, de huit Brigadiers, de huit Appointés, de cent quarante-quatre Hussards, dont douze conservés à pied, & de trois Trompettes; au total de cent soixante-neuf bas Officiers, Hussards & Trompettes, commandés par six Officiers.

8.

IL y aura un Maréchal-ferrant dans le nombre des Hussards de chaque compagnie.

9.

Escouades.

LES Brigadiers, les Appointés & les Hussards de chaque compagnie, formeront huit escouades.

Ainsi, chaque escouade sera composée, sur le pied de paix, d'un Brigadier qui la commandera, d'un Appointé & de dix Hussards.

Elle sera composée, sur le pied de guerre, d'un Brigadier, d'un Appointé & de dix-huit Hussards.

10.

MAIS les escouades, sur le pied de guerre, ou seulement portées à seize hommes, seront alors divisées; & la seconde moitié de l'escouade sera confiée à la police plus spéciale de l'Appointé, sans cesser pour cela d'être aux ordres du Brigadier, qui en restera toujours responsable.

11.

SA MAJESTÉ se réserve d'ordonner des augmentations progressives entre le pied de paix & le pied de guerre, selon qu'Elle le jugera à propos; ces augmentations portant sur le nombre des Hussards de chaque escouade, & jamais sur celui des bas Officiers.

12.

ELLE se réserve de même de tenir les escouades de ses régimens de Hussards au-dessous du pied de paix,

& de réduire le nombre des chevaux dans une plus grande proportion que celui des hommes, ſi elle le jugeoit convenable.

13.

Subdiviſions. LES huit eſcouades de chaque compagnie, commandées chacune par un Brigadier, formeront quatre ſubdiviſions de la compagnie; commandées chacune par un Maréchal-des-logis, & compoſées de deux eſcouades.

Diviſions. Et les quatre ſubdiviſions de la compagnie, commandées chacune par un Maréchal-des-logis, formeront deux diviſions de la compagnie, commandées; la première, par le Lieutenant en premier, & ſous ſes ordres, par le premier Sous-lieutenant; & la ſeconde, par le Lieutenant en ſecond, & ſous ſes ordres, par le ſecond Sous-lieutenant.

14.

Comptes à rendre. LE Brigadier ſera reſponſable de ſon eſcouade au Maréchal-des-logis de la ſubdiviſion duquel elle fait partie. Le Maréchal-des-logis le ſera de ſa ſubdiviſion au Sous-lieutenant de la diviſion dans laquelle elle eſt compriſe. Le Sous-lieutenant de chaque diviſion le ſera au Lieutenant qui la commande; le Lieutenant, au Capitaine en ſecond; le Capitaine en ſecond, au Capitaine-commandant; & chaque Capitaine-commandant ſera reſponſable de l'état de ſa compagnie ou eſcadron, au Major.

15.

Trompettes. TOUS les Trompettes ſeront commandés par le plus ancien d'entr'eux, ayant le grade d'Appointé; ils ſeront néanmoins ſoumis à l'autorité, police & diſcipline des Officiers & bas Officiers de leurs compagnies.

16.

Maréchal-des-logis en chef. LE Maréchal-des-logis en chef de chaque compagnie en commandera tous les bas Officiers & Huſſards, ſubordonnément aux Officiers.

25 Juillet 1784.

Il sera particulièrement chargé de tous les détails du service & de la discipline, dont il sera responsable aux Officiers de sa compagnie.

Ses fonctions.

Le Fourrier aura le rang de Maréchal-des-logis, & commandera à son rang parmi eux. Il dressera tous les états & tiendra les livres & registres; & il sera responsable de tous les détails de distribution & de comptabilité, au Quartier-maître; il pourvoira au logement de la compagnie.

Fourrier: ses fonctions.

17.

INDÉPENDAMMENT des Capitaines-commandans & en second, des Lieutenans en premier & en second, & des deux Sous-lieutenans en pied; Sa Majesté a jugé à propos d'attacher à chaque escadron ou compagnie de ses régimens de Hussards, un *Capitaine* & un *Sous-lieutenant de remplacement.*

Capitaines & Sous-lieutenans de remplacement.

18.

CES Officiers ne recevront point d'appointemens. Ils auront, sur le pied de paix, le logement & une place de fourrage, quand ils seront à leur Corps; l'étape en route; & sur le pied de guerre, le nombre de rations de pain & de fourrage attribuées à leur grade.

19.

LE Capitaine de remplacement attaché à chaque compagnie, la commandera au défaut des Capitaines-commandans & en second de cette compagnie, ou subordonnément à eux quand ils seront présens, & supérieurement aux Lieutenans.

Services des Capitaines de remplacement.

20.

LES Mestres-de-camp-propriétaires ou Commandans, proposeront d'abord aux emplois de Capitaines de remplacement, les Capitaines réformés à la suite de leurs régimens.

Nomination aux emplois de Capitaines de remplacement.

Et après les Capitaines réformés, les Mestres-de-camp-propriétaires ou Commandans, pourront proposer auxdits emplois les Officiers, ou à la suite, ou tirés de leurs régimens, ou de tout autre, qu'ils jugeront y convenir.

21.

MAIS Sa Majeſté exige, que les Officiers qui ſeront propoſés aux emplois de Capitaine de remplacement, après les Capitaines réformés, aient au moins l'âge de dix-huit ans, & trois ans de ſervice, en qualité de Lieutenans ou de Sous-lieutenans.

Âge & ſervices exigés.

Elle permet que des Officiers ſoient tirés de l'Infanterie, pour être nommés à des emplois de Capitaine de remplacement de ſes Troupes à cheval; & que des Officiers des troupes à cheval ſoient nommés Capitaines de remplacement de l'Infanterie.

22.

LES Capitaines de remplacement tirés d'entre les Capitaines réformés des régimens de Huſſards, ayant à ce titre le droit de remplacement, ſeront nommés à leur rang, aux emplois de Capitaine en ſecond à meſure qu'ils vaqueront; mais les Capitaines de remplacement tirés enſuite, ou des Lieutenans, ou des Sous-lieutenans, ou même des Capitaines à la ſuite, ſans droit de remplacement, ne ſeront plus nommés auxdits emplois de Capitaine en ſecond, que concurremment avec les Lieutenans & à leur rang de Lieutenant; & s'ils n'avoient pas été Lieutenans, ils ne concourroient avec les Officiers de ce grade, que comme s'ils avoient eu des lettres de Lieutenant, de la date de leurs commiſſions de Capitaine.

23.

Nomination aux emplois de Sous-lieutenans de remplacement.

LES Meſtres-de-camp-propriétaires ou Commandans, propoſeront aux emplois de Sous-lieutenant de remplacement, des Sous-lieutenans à la ſuite de leurs régimens, & de nouveaux Sujets à l'alternative ou par moitié; c'eſt-à-dire, que s'il ſe trouve à la fois pluſieurs Sous-lieutenans à remplacer & pluſieurs emplois à nommer, ils ſeront donnés moitié aux premiers & moitié à de nouveaux Sujets; & lorſqu'enſuite il n'y aura plus à la fois qu'un emploi à donner, il le ſera à l'alternative; d'abord à un Sous-lieutenant à la ſuite, & après à un

25 Juillet 1784

nouveau Sujet. Lorſqu'il ne reſtera plus de Sous-lieutenans à la ſuite d'un régiment, le Meſtre-de-camp-propriétaire ou Commandant pourra propoſer de nouveaux Sujets à tous les emplois de Sous-lieutenant de remplacement.

24.

Suite des diſpoſitions relatives aux Officiers réformés & à la ſuite, & aux emplois de remplacement.

Les Capitaines réformés & Sous-lieutenans à la ſuite d'un régiment, ſeront nommés, conſéquemment aux diſpoſitions précédentes, aux emplois de Capitaine & de Sous-lieutenant de remplacement, à leur rang. Ceux qui ne pourront l'être encore, attendront chez eux leur rang à être rappelés & remplacés; & juſqu'à ce qu'ils le ſoient, ils ne ſeront tenus à aucun ſervice: ils auront ſoin d'inſtruire les Meſtres-de-camp-commandans des régimens, à la ſuite deſquels ils ſont réformés, du lieu de leur demeure, afin que ces Meſtres-de-camp puiſſent leur annoncer leur remplacement, & leur donner alors les ordres néceſſaires. Veut Sa Majeſté, en inſtituant en faveur des Capitaines réformés de ſes Troupes à cheval, quatre emplois par régiment, au moyen deſquels Elle leur rend une plus prompte activité, que les quatre premiers Capitaines réformés de chaque régiment, & les premiers à remplacer, attendent dans ces emplois leur rang à être Capitaines en ſecond, & qu'aucun d'eux ne puiſſe être Capitaine en ſecond, qu'il n'ait été Capitaine de remplacement: Entend enfin Sa Majeſté, que les Officiers qui ne profiteroient pas des moyens que ſa bonté leur offre, d'être remplacés à leur rang, & de rentrer en activité à ſon ſervice, perdent dès-lors leur droit à l'être, & que leur rang ſoit paſſé.

25.

Les Officiers à la ſuite pourront encore être propoſés par les Meſtres-de-camp-propriétaires ou Commandans de tout régiment & de toute arme, à tels emplois de Capitaine de remplacement, ou de Sous-lieutenant en pied ou de remplacement, auxquels il conviendroit à ces

Meſtres-de-camp de les propoſer comme nouveaux ſujets, en obſervant ce qui eſt preſcrit dans les articles 20 & 23, relativement à la nomination de ceux-ci.

26.

Sa Majesté ne s'aſtreint cependant plus, après le remplacement des Capitaines réformés & Sous-lieutenans à la ſuite, à nommer à tous les emplois de Capitaine & de Sous-lieutenant de remplacement : Elle n'entend même ſoutenir l'inſtitution de ces emplois qu'autant de temps qu'Elle le jugera à propos.

Sa Majeſté n'exigeant point des Meſtres-de-camp, après le remplacement deſdits Capitaines réformés & Sous-lieutenans à la ſuite, de propoſer à tous les emplois de remplacement au complet, Elle entend qu'ils ne propoſent à ces emplois que des ſujets qui pourront y convenir, & à qui leur fortune permettra de ſe paſſer des appointemens qu'il n'eſt pas entré dans ſes vues de leur attribuer.

Elle ſe réſerve, indépendamment des propoſitions des Meſtres-de-camp, de nommer à des emplois de Capitaine ou de Sous-lieutenant de remplacement, des ſujets à qui il lui conviendra de les donner.

27.

Les Meſtres-de-camp-propriétaires ou Commandans, propoſeront, s'ils le jugent à propos, des Sous-lieutenans de remplacement aux emplois de Sous-lieutenant en pied, & avec appointemens; mais les Sous-lieutenans de remplacement n'y auront aucun droit.

Rang des Sous-lieutenans de remplacement.

Ils conſerveront néanmoins en reſtant Sous-lieutenans de remplacement, leur rang parmi les Sous-lieutenans en pied, & ils concourront avec eux ſelon la date de leurs brevets de Sous-lieutenant, tant pour le commandement & le ſervice, que pour être nommés aux emplois de Lieutenant en ſecond.

28.

Cadets-Gentils-hommes.

Mais l'intention de Sa Majeſté eſt, que dans les régimens

régimens où il reſte encore des Cadets-gentilshommes & juſqu'à ce qu'ils ſoient éteints, les Meſtres-de-camp-propriétaires ou Commandans, les propoſent aux emplois de Sous-lieutenant en pied & avec appointemens, de préférence aux Sous-lieutenans de remplacement ou à tout autre ſujet, hors qu'il n'y ait, relativement à ces Cadets-gentilshommes, des raiſons d'excluſion ou de retard, ſur leſquelles le Colonel général prendra les ordres de Sa Majeſté.

29.

VEUT même Sa Majeſté que les Cadets-gentilshommes déjà nommés Sous-lieutenans ou qui le ſeront à l'avenir, reprennent le rang ſur les Sous-lieutenans en pied ou de remplacement, promus à ce grade de préférence à eux, & d'une date poſtérieure à celle dont ils ſont Cadets-gentilshommes; Sa Majeſté, conſéquemment à l'article précédent, exceptant de ce rang à leur rendre, le cas où la nomination de ces Cadets-gentilshommes à un emploi de Sous-lieutenant, auroit été retardée pour quelque raiſon de mécontentement, ou de négligence de ſervice.

30.

Âge exigé pour être Sous-lieutenant.

L'INTENTION de Sa Majeſté eſt qu'il ne ſoit propoſé aucun ſujet pour être Sous-lieutenant en pied ou de remplacement, qu'il n'ait l'âge de quinze ans révolus.

31.

Service des Sous-lieutenans de remplacement.

LES Sous-lieutenans de remplacement, ſeront attachés, ainſi que le premier Sous-lieutenant, à la première diviſion de leur compagnie. Lorſqu'ils ſeront préſens, ils ſeront chargés ſpécialement de la ſeconde ſubdiviſion de cette diviſion. Le Maréchal-des-logis qui la commande, leur rendra compte, & ils rendront compte eux-mêmes au Lieutenant. Le premier Sous-lieutenant n'aura alors à rendre compte à celui-ci que de la première ſubdiviſion de ſa diviſion.

32.

Temps de leur ſervice

ILS ne ſeront tenus de ſervir pendant la paix, que du 1.er de Juin au 1.er d'Octobre, hors que des ordres particuliers n'apportent des changemens à cette diſpoſition.

33.

Et de celui des Capitaines de remplacement.

IL en ſera de même des Capitaines de remplacement.

34.

LORSQUE les Capitaines de remplacement ſeront préſens, ils ſeront attachés ſpécialement à la ſeconde diviſion de leur compagnie, dont le Lieutenant en ſecond leur rendra compte, & ils en ſeront reſponſables au Capitaine-commandant. Le Capitaine en ſecond n'aura alors à rendre compte à celui-ci que de la première diviſion.

35.

AU moyen d'une place de fourrage, accordée par l'article 18 aux Capitaines & Sous-lieutenans de remplacement, pendant les quatre mois qu'ils ſeront à leurs Corps, ils ſeront tenus d'y avoir un cheval d'eſcadron.

36.

Création de deux Porte-étendards & d'un Adjudant.

SA MAJESTÉ a jugé néceſſaire à ſon ſervice, d'attacher un étendard à chaque eſcadron de ſes Troupes à cheval, & d'établir dans chaque régiment un Adjudant de plus, un ſeul ne ſuffiſant pas à toutes les fonctions & aux détails dont il étoit chargé.

État-major.

En conſéquence l'État-major de chaque régiment de Huſſards, ſera compoſé à l'avenir, d'un Meſtre-de-camp-commandant, d'un Meſtre-de-camp en ſecond, d'un Lieutenant-colonel, d'un Major, d'un Quartier-maître-tréſorier, de quatre Porte-étendards, de deux Adjudans, d'un Chirurgien-major, d'un Aumônier, d'un maître Maréchal, d'un maître Sellier & d'un Armurier.

37.

OUTRE les Officiers ſupérieurs ci-deſſus déſignés, Sa Majeſté conſerve à ſes régimens de Huſſards, leurs Meſtres-de-camp-propriétaires.

38.

LE Major de chaque régiment, continuera d'y ſurveiller tous les détails de ſervice, police & diſcipline. *Fonctions du Major.*

Les Capitaines-commandans, conſéquemment à l'article 14, lui rendront compte: il rendra compte au Lieutenant-colonel; le Lieutenant-colonel au Meſtre-de-camp en ſecond; & le Meſtre-de-camp en ſecond au Meſtre-de-camp-commandant.

Indépendamment des comptes que le Meſtre-de-camp-commandant doit rendre au Colonel général des Huſſards, à l'inſpecteur de ſon régiment, au Commandant de la province, & au Secrétaire d'État de la guerre, il rendra compte au Meſtre-de-camp-propriétaire, dans les régimens à la tête deſquels Sa Majeſté a jugé à propos d'en établir.

39.

LE Quartier-maître-tréſorier de chaque régiment aura le rang de Lieutenant. *Quartier-maître.*

Les Porte-étendards auront celui de derniers Sous-lieutenans. *Porte-étendards.*

Et les Adjudans, celui de premiers Maréchaux-des-logis en chef. Ils commanderont à tous les Maréchaux-des-logis en chef, & conſéquemment à tous les Maréchaux-des-logis. *Adjudans.*

Le maître Maréchal & le maître Sellier, auront le rang de Maréchaux-des-logis. *Maître Maréchal. Maître Sellier.*

40.

L'INTENTION de Sa Majeſté étant que les Adjudans ne perdent point, en continuant d'être Adjudans, les avantages & les récompenses que leurs services les mettront dans le cas de mériter, ils dateront, sans être Officiers, pour toute espèce de récompense & de grâce, de l'époque à laquelle, à leur ancienneté de Maréchaux-des-logis en chef, ils auroient pu mériter de l'être. Cette date sera pour eux celle de laquelle un Maréchal-des-logis en chef moins ancien qu'eux, auroit été fait Officier; & lorsqu'ensuite ils le seront eux-mêmes, ils reprendront leur rang sur ce dernier.

41.

Appointemens, solde & masses.

SA MAJESTÉ a résolu d'accorder à ses Troupes à cheval une augmentation de paye pendant la guerre; & voulant en outre apporter à l'état de quelques grades des changemens, dont l'objet est sur-tout de distinguer les anciens Officiers, Elle a arrêté que les appointemens, solde & masses, seroient payés à l'avenir à ses régimens de Hussards, ainsi qu'il suit.

42.

Appointemens, pied de paix.

PAR an, sur le pied de paix:

État-major.

Au Mestre-de-camp-commandant de chaque régiment de Hussards, *quatre mille livres.*

Au Mestre-de-camp en second, *dix-huit cents livres.*

Au Lieutenant-colonel, *trois mille huit cents livres.*

Au Major, *trois mille deux cents livres.*

Au Quartier-maître-trésorier, *douze cents livres*, ou par mois *cent livres.*

A chaque Porte-étendard, *sept cents vingt livres*, ou par mois *soixante livres.*

Au Chirurgien-major, *douze cents livres*, ou par mois *cent livres.*

A l'Aumônier, *six cents livres*, ou par mois *cinquante livres.*

A chaque Adjudant, *cinq cents quarante livres*, ou *trente sous* par jour, ou par mois *quarante-cinq livres.*

Officiers des compagnies.

Au premier Capitaine-commandant de chaque régiment, *deux mille cinq cents livres.*

A chacun des trois autres Capitaines-commandans, *deux mille quatre cents livres.*

Au

Au premier Capitaine en fecond de chaque régiment, *dix-huit cents livres.*

A chacun des trois autres Capitaines en fecond, *feize cents livres.*

A chaque Lieutenant en premier, *onze cents livres.*

A chaque Lieutenant en fecond, *neuf cents livres.*

A chaque Sous-lieutenant en pied, *fept cents vingt livres.*

Tous les appointemens ci-deffus feront augmentés d'un quart en fus, fur le pied de guerre. *Augmentation fur le pied de guerre.*

43.

PAR jour, fur le pied de paix. *Solde, pied de paix. Bas Officiers.*

A chaque Maréchal-des-logis en chef, *vingt fous.*

A chaque autre Maréchal-des-logis ou Fourrier, *feize fous.*

A chaque Brigadier, *dix fous.*

Au premier Appointé de chaque compagnie, *huit fous quatre deniers.*

A chaque autre Appointé, *fept fous dix deniers.*

A chaque Huffard, *fept fous quatre deniers.* *Huffards.*

Au premier Trompette de chaque régiment, ayant le grade d'Appointé, *feize fous.* *Trompettes.*

A chaque autre Trompette, *quinze fous.*

Au maître Maréchal, *feize fous huit deniers.* *Maître Maréchal.*

Au maître Sellier, *feize fous huit deniers.* *Maître Sellier.*

A l'Armurier, *fept fous quatre deniers.* *Armurier.*

44.

VEUT Sa Majefté, que fur la folde attribuée par l'article précédent à chaque bas Officier, Huffard, Trompette, maître Maréchal ou Sellier, & Armurier, il lui foit retenu feize deniers par jour, pour former une *Maffe de linge & chauffure:* cette Maffe fera confervée dans la caiffe du régiment, & le décompte en fera fait aux fufdits bas Officiers & Huffards, tous les quatre mois. *Maffe de linge & chauffure.*

45.

LA moitié de la folde de tous les bas Officiers & Huffards abfens par congé, & la folde entière de ceux qui n'auront pas rejoint à l'expiration de leurs congés, seront réunies à ladite Masse.

46.

Supplément de solde sur le pied de guerre.

LES objets d'entretien auxquels est destinée la Masse de linge & chaussure devenant plus dispendieux pendant la guerre; Sa Majesté accorde par jour, sur le pied de guerre, un supplément de solde de huit deniers à chaque bas Officier, Hussard, Trompette, maître Maréchal ou Sellier, & Armurier: ce supplément sera réuni à la Masse de linge & chaussure en augmentation de cette Masse.

47.

LES Adjudans seront exceptés des dispositions relatives à la Masse de linge & chaussure, à laquelle ils n'auront nulle part. Il ne leur sera point fait de retenue pour y fournir; & ils ne recevront point, pendant la guerre, le supplément de solde établi par l'article précédent.

48.

Masse générale.

IL sera formé une *Masse générale*, pour laquelle Sa Majesté fera payer sur le pied de paix; cent vingt-deux livres par an par chaque Adjudant, Maréchal-des-logis en chef, Maréchal-des-logis, maître Maréchal, maître Sellier, Brigadier, Appointé, Hussard, Trompette & Armurier monté; & cinquante livres seulement par chaque Hussard non monté: cette Masse destinée aux dépenses de recrues, de remontes, d'habillement, d'équipement, d'entretien & de réparations, sera chargée en outre de la retenue de la Capitation & des Quatre deniers pour livre de tous les appointemens & de la solde. Elle sera payée par mois au complet, au Quartier-maître-trésorier de chaque régiment, & déposée dans sa caisse; & elle sera régie par le Conseil d'administration.

49.

Masse des chevaux des Porte-étendards.

IL sera ajouté à cette Masse, cent livres par an pour l'achat, renouvellement & entretien du cheval de chaque Porte-étendard.

50.

LA Maſſe générale, ſera ſur le pied de guerre, de cent trente-ſept livres cinq ſous par an par chaque bas Officier & Huſſard monté; & de cinquante-ſix livres cinq ſous par chaque Huſſard non monté. Elle ſera de cent cinquante livres pour le cheval de chaque Porte-étendard.

Augmentation à la maſſe générale ſur le pied de guerre.

51.

MAIS l'intention de Sa Majeſté n'eſt pas qu'un régiment, ſur le pied de guerre quant au nombre, ſoit pour cela ſur le pied de guerre quant à la ſolde. Ce dernier n'aura lieu que de l'époque à laquelle Sa Majeſté l'ordonnera.

52.

L'ARMEMENT des régimens de Huſſards continuera de leur être fourni des magaſins de Sa Majeſté.

Armement.

53.

TOUTES les diſpoſitions preſcrites par la préſente Ordonnance, relativement aux appointemens, à la ſolde & aux Maſſes, auront lieu de l'époque fixée pour ſon exécution; mais Sa Majeſté en donnant leur effet, à l'inſtant même, aux augmentations qu'Elle accorde, ne veut pas qu'aucun Officier perde rien de ſon état actuel. En conſéquence, Elle ordonne que les Capitaines en ſecond actuels, dont les appointemens ſeront de ſeize cents livres, reçoivent en ſupplément ſur la Maſſe générale, la ſomme néceſſaire pour parfaire les mêmes appointemens dont ils jouiſſoient, ſans que ce ſupplément puiſſe aucunement s'étendre à ceux qui leur ſuccéderont dans leurs emplois.

54.

POUR parvenir dans chaque régiment à l'exécution de la préſente Ordonnance, l'Inſpecteur à qui Sa Majeſté en aura donné l'ordre, fera monter ce régiment à cheval après en avoir prévenu le Commandant de la Place où

Exécution de la préſente Ordonnance.

il fera en garnison, & en présence du Commissaire des guerres qui en aura la police.

55.

Revues de l'Inspecteur & du Commissaire des guerres.

CET Inspecteur fera une revue de ce régiment, & le Commissaire des guerres fera en même temps la fienne, pour servir au payement dudit régiment jusqu'au jour de sa nouvelle composition exclusivement.

56.

Réception de deux nouveaux Porte-étendards.

LES deux anciens Porte-étendards placés au premier & au second escadron, l'Inspecteur fera recevoir à ce même emploi, à la tête du troisième & du quatrième escadron, les deux bas Officiers que Sa Majesté y aura nommés.

57.

Choix & réception du second Adjudant.

IL ordonnera au Mestre-de-camp-commandant, de choisir entre tous les Maréchaux-des-logis en chef, Maréchaux-des-logis & Fourriers, le sujet qu'il jugera le plus propre à remplir la seconde place d'Adjudant, & il sera reçu aussi-tôt à cet emploi.

Les sujets qui remplaceront les deux nouveaux Porte-étendards & le nouvel Adjudant aux emplois qu'ils quitteront, seront nommés en même-temps & reçus aussi-tôt, ainsi que ceux qui seront choisis pour les douze places nouvelles de Maréchal-des-logis que Sa Majesté a créées. Il en sera de même des Hussards qui seront promus au grade de Brigadier.

58.

Appointés.

L'INSPECTEUR ordonnera ensuite que les huit plus anciens Hussards de chaque compagnie soient reconnus pour Appointés, ainsi que le plus ancien Trompette de chaque régiment.

59.

Répartition des Hussards, & formation des escouades.

IL ordonnera que les Hussards de chaque compagnie y soient répartis dans les escouades à leur rang; le plus ancien

ancien Huſſard dans la première, le ſecond dans la ſeconde, le troiſième dans la troiſième, le quatrième dans la quatrième, le cinquième dans la cinquième, le ſixième dans la ſixième, le ſeptième dans la ſeptième, le huitième dans la huitième, & enſuite le neuvième dans la première, le dixième dans la ſeconde, & ainſi de ſuite, en comprenant dans cette répartition & à leur rang, les Huſſards qui ſe trouveroient aux hôpitaux ou abſens:

Que les eſcouades ainſi formées, le premier Brigadier de chaque compagnie & ſous lui le premier Appointé, aient le commandement de la première; le ſecond Brigadier & le ſecond Appointé celui de la ſeconde, & ainſi de ſuite:

Formation des ſubdiviſions.

Qu'enſuite les ſubdiviſions ſoient formées, la première, de la première & cinquième eſcouades; la ſeconde, de la ſeconde & ſixième, &c. & que les Maréchaux-des-logis prennent le commandement de ces ſubdiviſions à leur rang; le premier celui de la première, le ſecond celui de la ſeconde, & ainſi de ſuite.

60.

MAIS ce rang une fois établi entre les eſcouades & les ſubdiviſions, l'Inſpecteur ordonnera qu'il reſte à perpétuité le même, c'eſt-à-dire, que l'eſcouade déſignée la première ſoit toujours la première, l'eſcouade déſignée la ſeconde toujours la ſeconde, &c. quel que ſoit le rang des Brigadiers qui les commanderont:

Que de même les ſubdiviſions une fois établies première, ſeconde, &c. & formées à perpétuité des mêmes eſcouades, conſervent toujours le même rang entr'elles, quel que ſoit celui des Maréchaux-des-logis qui les commanderont:

Diviſions intérieures des compagnies, invariables.

Qu'ainſi les diviſions intérieures des compagnies n'éprouvent de changemens que par les recrues, ou par le remplacement des bas Officiers promus à de nouveaux grades.

61.

Formation des divisions.

ENFIN il ordonnera que les divisions soient formées: la première, de la première & troisième subdivisions; la seconde, de la seconde & quatrième subdivisions.

Et que dans chaque compagnie, le Lieutenant en premier, & sous ses ordres le premier Sous-lieutenant, aient le commandement, l'inspection & la police spéciale de la première division; & de même le Lieutenant en second, & sous ses ordres le second Sous-lieutenant, celui de la seconde division.

62.

Formation des chambrées & des ordinaires.

LES chambrées & les ordinaires seront formées, autant qu'il se pourra, dans l'ordre des escouades, subdivisions & divisions, ci-dessus indiqué, de manière que les Hussards des mêmes escouades, subdivisions & divisions, logeant & vivant, ou ensemble, ou le plus près qu'il se pourra, soient constamment soumis à la vigilance & police des mêmes bas Officiers.

Mais ces divisions de police intérieure seront subordonnées dans l'ordre de bataille, à ce que prescrit l'Ordonnance de l'Exercice, relativement à la disposition des Hussards dans le rang, & aux divisions qui doivent y être observées.

63.

Officiers de remplacement.

APRÈS ces dispositions relatives à l'ordre intérieur des compagnies, l'Inspecteur fera recevoir aux emplois de remplacement les Officiers que Sa Majesté auroit déjà pourvus desdits emplois, & dont les brevets seroient expédiés.

Et si Sa Majesté n'a point nommé à tous ou à une partie des emplois de Capitaine & de Sous-lieutenant de remplacement, l'Inspecteur préviendra le Mestre-de-camp-propriétaire ou Commandant, qu'il pourra proposer au Secrétaire d'État de la guerre les Officiers qui ayant été réformés ont droit de remplacement, ou après eux ceux qu'il jugera convenir auxdits emplois, en se conformant à tout ce que prescrit la présente Ordonnance en ce qui les concerne.

64.

Seconde revue.

CES différentes opérations terminées, l'Inspecteur sera une revue du régiment: le Commissaire des guerres sera aussi la sienne, pour servir, à compter de ce jour, au nouvel état d'appointemens & de solde & de la Masse. Il constatera la nouvelle composition du régiment par un procès-verbal, dont un double sera adressé au Secrétaire d'État de la guerre, & un autre au Trésorier.

Procès-verbal de la nouvelle composition.

65.

Examen des fonds en caisse.

LE régiment étant de retour dans ses quartiers, l'Inspecteur fera assembler le Conseil d'administration: il examinera les fonds restans en caisse, & fera former des états séparés, tant de l'argent de la Masse générale que de celui de la Masse de linge & chaussure, & de celle des quinze livres qui appartiennent à chaque homme, & qui continuera d'avoir lieu comme au paravant. Il fera certifier ces états par le Conseil d'administration, & il les visera: ils formeront le premier article de ceux que la nouvelle composition exige. L'Inspecteur adressera au Secrétaire d'État de la guerre des doubles de tous les états que son opération l'aura mis dans le cas de former.

MANDANT Sa Majesté à Monf. le Duc de Chartres, Colonel général des Hussards, de tenir la main à l'exécution de la présente Ordonnance.

MANDE & ordonne Sa Majesté aux Officiers généraux ayant commandement sur ses Troupes, aux Gouverneurs, Lieutenans généraux, Commandans en chef & en second dans ses provinces, aux Inspecteurs généraux de ses Troupes, aux Gouverneurs & Commandans de ses villes & places, aux Mestres-de-camp de ses régimens de Hussards, aux Intendans en ses provinces & sur ses frontières, aux Commissaires des guerres, & à tous autres ses Officiers qu'il appartiendra, de tenir la main à l'exécution de la présente Ordonnance.

FAIT à Versailles le vingt-cinq juillet mil sept cent quatre-vingt-quatre.

Signé LOUIS. *Et plus bas,* LE M.AL DE SÉGUR.

LOUIS-PHILIPPE-JOSEPH D'ORLÉANS, DUC DE CHARTRES, Prince du Sang, Lieutenant général des Armées du Roi & des Armées navales de Sa Majesté, Chevalier de ses Ordres, Gouverneur & Lieutenant général de la province du Poitou, Colonel général des Hussards.

VU l'Ordonnance provisoire du Roi, ci-dessus, du 25 juillet 1784, concernant la formation & la solde des régimens de Hussards; ladite Ordonnance à nous adressée, pour tenir la main à son exécution:

NOUS, en vertu du pouvoir que nous en avons, à cause de notre place de Colonel général des Hussards: MANDONS & ordonnons aux Mestres-de-camp-propriétaires, Mestres-de-camp-commandans, Mestres-de-camp en second, Lieutenans-colonels, Majors & autres Officiers des régimens de Hussards, de se conformer à ladite Ordonnance, & de la faire exécuter, chacun en ce qui le concerne: En foi de quoi nous avons fait expédier la présente, que nous avons signée & fait contre-signer par le Secrétaire général des Hussards.

DONNÉ à Paris, le quinze Août mil sept cent quatre-vingt-quatre. *Signé* L. P. J. D'ORLÉANS. *Et plus bas,* Par Son Altesse Sérénissime. *Signé* SHÉE.

TABLEAU

23 Juillet 1784.

TABLEAU des Appointemens & Solde.

HUSSARDS.	PIED DE PAIX.			PIED DE GUERRE.		
	Par jour.	Par mois.	Par an.	Par jour.	Par mois.	Par an.
Au premier Capitaine-commandant de chaque régiment, ſix livres dix-huit ſous dix deniers deux tiers ſur le pied de paix; & huit livres treize ſous ſept deniers un tiers ſur le pied de guerre, ci.........	$6^{l}\ 18^{s}\ 10^{d}\frac{2}{3}$	$208^{l}\ 6^{s}\ 8^{d}$	2500^{l}	$8^{l}\ 13^{s}\ 7^{d}\frac{1}{3}$	$260^{l}\ 8^{s}\ 4^{d}$	3125^{l}
A chacun des trois autres Capitaines-commandans, ſix livres treize ſous quatre deniers en paix; & huit livres ſix ſous huit deniers en guerre..................	6. 13. 4	200. 〃 〃	2400.	8. 6. 8	250. 〃 〃	3000.
Au premier Capitaine en ſecond, cinq livres en paix; & ſix livres cinq ſous en guerre..........	5. 〃 〃	150. 〃 〃	1800.	6. 5. 〃	187. 10. 〃	2250.
A chacun des trois autres Capitaines en ſecond, quatre livres huit ſous dix deniers deux tiers en paix; & cinq livres onze ſous un denier un tiers en guerre...........	4. 8. 10 $\frac{2}{3}$	133. 6. 8	1600.	5. 11. 1 $\frac{1}{3}$	166. 13. 4	2000.
A chaque Lieutenant en premier, trois livres un ſou un denier un tiers en paix; & trois livres ſeize ſous quatre deniers deux tiers en guerre.........	3. 1. 1 $\frac{1}{3}$	91. 13. 4	1100.	3. 16. 4 $\frac{2}{3}$	114. 11. 8	1375.
A chaque Lieutenant en ſecond, deux livres dix ſous en paix; & trois livres deux ſous ſix deniers en guerre................	2. 10. 〃	75. 〃 〃	900.	3. 2. 6	93. 15. 〃	1125.
A chaque Sous-lieutenant en pied, deux livres en paix; & deux livres dix ſous en guerre......	2. 〃 〃	60. 〃 〃	720.	2. 10. 〃	75. 〃 〃	900.
A chaque Maréchal-des-logis en chef, une livre en paix; & une livre huit deniers en guerre.....	1. 〃 〃	30. 〃 〃	360.	1. 〃 8	31. 〃 〃	372.
A chaque Maréchal-des-logis ou Fourrier, ſeize ſous en paix; & ſeize ſous huit deniers en guerre.	〃 16. 〃	24. 〃 〃	288.	〃 16. 8	25. 〃 〃	300.
A chaque Brigadier, dix ſous en paix; & dix ſous huit deniers en guerre................	〃 10. 〃	15. 〃 〃	180.	〃 10. 8	16. 〃 〃	192.
Au premier Appointé de chaque compagnie, huit ſous quatre deniers en paix; & neuf ſous en guerre.................	〃 8. 4	12. 10. 〃	150.	〃 9. 〃	13. 10. 〃	162.

	PIED DE PAIX.			PIED DE GUERRE.		
	Par jour.	Par mois.	Par an.	Par jour.	Par mois.	Par an.
A chaque autre Appointé, sept sous dix deniers en paix; & huit sous six deniers en guerre.....	″l 7s 10d	11l 15s ″d	141.	″l 8s 6d	12l 15s ″d	153l
A chaque Hussard, sept sous quatre deniers en paix; & huit sous en guerre.............	″ 7. 4	11. ″ ″	132.	″ 8. ″	12. ″ ″	144.
Au premier Trompette de chaque régiment, seize sous en paix; & seize sous huit deniers en guerre..	″ 16. ″	24. ″ ″	288.	″ 16. 8	25. ″ ″	300.
A chaque autre Trompette, quinze sous en paix; & quinze sous huit deniers en guerre......	″ 15. ″	22. 10. ″	270.	″ 15. 8	23. 10 ″	282.
ÉTAT-MAJOR.						
Au Mestre-de-camp-commandant de chaque régiment, onze livres deux sous deux deniers deux tiers en paix; & treize livres dix-sept sous neuf deniers un tiers en guerre..................	11. 2. 2 ⅔	333. 6. 8	4000.	13. 17. 9 ⅓	416. 13. 4	5000.
Au Mestre-de-camp en second, cinq livres en paix; & six livres cinq sous en guerre..........	5. ″ ″	150. ″ ″	1800.	6. 5. ″	187. 10. ″	2250.
Au Lieutenant-colonel, dix livres onze sous un denier un tiers en paix; & treize livres trois sous dix deniers deux tiers en guerre.................	10. 11. 1 ⅓	316. 13. 4	3800.	13. 3. 10 ⅔	395. 16. 8	4750.
Au Major, huit livres dix-sept sous neuf deniers un tiers en paix; & onze livres deux sous deux deniers deux tiers en guerre....	8. 17. 9 ⅓	266. 13. 4	3200.	11. 2. 2 ⅔	333. 6. 8	4000.
Au Quartier-maître-trésorier, trois livres six sous huit deniers en paix; & quatre livres trois sous quatre deniers en guerre.......	3. 6. 8	100. ″ ″	1200.	4. 3. 4	125. ″ ″	1500.
A chaque Porte-étendard, deux livres en paix; & deux livres dix sous en guerre..............	2. ″ ″	60. ″ ″	720.	2. 10. ″	75. ″ ″	900.
A chaque Adjudant, une livre dix sous en paix; & une livre dix sept sous six deniers en guerre..	1. 10. ″	45. ″ ″	540.	1. 17. 6	56. 5. ″	675.
Au Chirurgien-major, trois livres six sous huit deniers en paix;						

	PIED DE PAIX.			PIED DE GUERRE.		
	Par jour.	Par mois.	Par an.	Par jour.	Par mois.	Par an.
& quatre livres trois ſous quatre deniers en guerre...........	3^{l} $6^{ſ}$ 8^{d}	100^{l} $″^{ſ}$ $″^{d}$	1200^{l}	4^{l} $3^{ſ}$ 4^{d}	125^{l} $″^{ſ}$ $″^{d}$	1500^{l}
A l'Aumônier, une livre treize ſous quatre deniers en paix ; & deux livres un ſou huit deniers en guerre.................	1. 13. 4	50. ″ ″	600.	2. 1. 8	62. 10. ″	750.
Au maître Maréchal, ſeize ſous huit deniers en paix ; & dix-ſept ſous quatre deniers en guerre...	″ 16. 8	25. ″ ″	300.	″ 17. 4	26. ″ ″	312.
Au maître Sellier, ſeize ſous huit deniers en paix ; & dix-ſept ſous quatre deniers en guerre...	″ 16. 8	25. ″ ″	300.	″ 17. 4	26. ″ ″	312.
A l'Armurier, ſept ſous quatre deniers en paix ; & huit ſous en guerre.................	″ 7. 4	11. ″ ″	132.	″ 8. ″	12. ″ ″	144.

A PARIS, DE L'IMPRIMERIE ROYALE. 1784.

www.ingramcontent.com/pod-product-compliance
Ingram Content Group UK Ltd.
Pitfield, Milton Keynes, MK11 3LW, UK
UKHW020234180726
13838UKWH00005B/2381